全国中等职业学校商务文秘专业教材

文秘应用文写作（第三版）习题册

主编　韦志国

中国劳动社会保障出版社

简介

本习题册与全国中等职业学校商务文秘专业教材《文秘应用文写作(第三版)》配套使用。习题册按教材章节的顺序编写,包括填空题、选择题、判断题、简答题、写作题等,题型丰富、难易适中,供学生课后练习使用。

本习题册由韦志国主编,杜伟参与编写。

图书在版编目(CIP)数据

文秘应用文写作(第三版)习题册 / 韦志国主编. -- 北京:中国劳动社会保障出版社,2021

全国中等职业学校商务文秘专业教材

ISBN 978-7-5167-4732-2

Ⅰ.①文… Ⅱ.①韦… Ⅲ.①汉语 - 应用文 - 写作 - 中等专业学校 - 习题集 Ⅳ.①H152.3-44

中国版本图书馆 CIP 数据核字(2021)第 025056 号

中国劳动社会保障出版社出版发行

(北京市惠新东街 1 号 邮政编码:100029)

*

三河市华骏印务包装有限公司印刷装订 新华书店经销

787 毫米 ×1092 毫米 16 开本 4 印张 82 千字

2021 年 1 月第 1 版 2021 年 1 月第 1 次印刷

定价:9.00 元

读者服务部电话:(010)64929211/84209101/64921644

营销中心电话:(010)64962347

出版社网址:http://www.class.com.cn

http://jg.class.com.cn

目录
CONTENTS

第一章 | 党政公文

第一节 通知 …… 1
第二节 通报 …… 3
第三节 通告 …… 4
第四节 报告 …… 7
第五节 请示 …… 9
第六节 函 …… 11
第七节 决定 …… 13
第八节 意见 …… 15
第九节 纪要 …… 16

第二章 | 事务文书

第一节 启事、海报 …… 19
第二节 便条、条据 …… 21
第三节 计划 …… 23
第四节 总结 …… 25
第五节 证明信 …… 26
第六节 介绍信 …… 28
第七节 简报 …… 29
第八节 述职报告 …… 31
第九节 规章制度 …… 33

第三章 | 公关文书

第一节 邀请函、请柬 …… 35

第二节　贺信 …… 36
第三节　感谢信 …… 38
第四节　开幕词、闭幕词 …… 40
第五节　欢迎词、欢送词 …… 41
第六节　祝词 …… 43
第七节　答谢词 …… 44
第八节　讣告、悼词 …… 46

第四章 | 财经文书

第一节　广告 …… 48
第二节　意向书 …… 49
第三节　合同 …… 51
第四节　市场调查报告 …… 53
第五节　产品说明书 …… 55
第六节　招标书、投标书 …… 57

第一章 党政公文

第一节 通知

一、填空题

1. 通知的标题一般应写明发文单位、____________和____________。

2. 被通知的单位或个人是____________。

3. 通知中“为了……”“根据……”引出的内容是____________。

4. 适用于告知某一事项或某些信息的通知是____________。

二、选择题

1.（单选）向下级单位布置工作事项或指示方法、步骤的通知是（　　）。

A. 指示性通知　　B. 印发通知　　C. 批转通知　　D. 转发通知

2.（单选）将上级发来的文件转给下级，这类通知是（　　）。

A. 指示性通知　　B. 印发通知　　C. 批转通知　　D. 转发通知

3.（单选）下列通知的标题，最为规范的是（　　）。

A. 通知　　B. 检查通知

C. 违反考勤制度的通知　　D. 关于进一步加强考勤管理工作的通知

4.（单选）位于通知正文前，顶格书写，表示的是（　　）。

A. 标题　　B. 主送单位　　C. 开头　　D. 文号

5.（多选）下列适于使用通知行文的事务有（　　）。

A. 缴费工作　　B. 检查验收

C. 表彰或处罚员工　　D. 协商某一事项

E. 召开年终总结会议

6.（多选）通知的标题可以采用（　　）等形式书写。

A. 发文单位 + 事由 + 文种　　B. 事由 + 文种

C. 文种　　D. 省略标题

7.（多选）会议通知的内容主要包括（　　）。

A. 会议时间、地点　　B. 参加人员

C. 会议主要内容　　D. 会议要求

8.（多选）下列能够作为通知附件的为（　　）。

A. 报名表　　B. 其他文件　　C. 电话号码　　D. 通信地址

三、判断题

1. 任免干部可以使用通知行文。（　　）
2. 通知事项内容如果比较复杂，可分条列项写出。（　　）
3. 附件是随同主文件一同制定的相关文件，根据需要选择使用。有的通知没有附件。（　　）
4. 一份通知可以布置一项或多项工作。（　　）

四、简答题

1. 简述通知结构的主要环节。

2. 简述通知开头的主要内容。

3. 简述通知落款的主要要素。

4. 简述知照性通知的适用情况。

五、写作题

假如你所在的班级准备组织一次集体春游活动，请代班主任老师拟写一份通知。要求：信息全面，措施可行，语言准确，结构完整。

第二节 通报

一、填空题

1. 适合于表彰先进，批评错误，传达重要精神和告知重要情况的文体是____________________。

2. 表扬先进人物和先进集体事迹的通报是________________。

3. 从行文方向来看，通报是________________。

4. 通报事故或反面典型，总结教训的通报是________________。

二、选择题

1.（单选）具有宣传教育功能的文体是（　　）。

A. 通知　　B. 通报

C. 函　　D. 命令

2.（单选）下列应使用通报行文的情况是（　　）。

A. 告知相关单位重要情况　　B. 印发文件

C. 请求批准　　D. 商洽工作

3.（单选）下列通报的标题，最为规范的是（　　）。

A. 通报

B. 情况通报

C. 表彰通报

D. 关于表彰 20×× 年度先进单位和部门的通报

4.（单选）传达情况、沟通信息的通报是（　　）。

A. 表彰通报　　B. 批评通报　　C. 情况通报　　D. 综合通报

5.（多选）通报在概述事实时，应写明的主要内容包括（　　）。

A. 时间　　B. 地点　　C. 单位或个人

D. 经过　　E. 结果

6.（多选）通报的标题可以采用（　　）等形式书写。

A. 发文单位 + 事由 + 文种　　B. 事由 + 文种

C. 文种　　D. 省略标题

7.（多选）情况通报的内容主要包括（　　）。

A. 依据　　B. 情况介绍　　C. 情况分析　　D. 工作要求

8.（多选）制发通报应遵守（　　）等要求。

A. 真实性　　B. 典型性　　C. 时效性　　D. 艺术性

三、判断题

1. 通报的内容可以是具有典型意义的、好的或坏的事例及重要情况。 (　　)
2. 表彰（批评）通报的标题事由中应写明被表彰或被批评的对象。 (　　)
3. 表彰（批评）通报的正文中不需要对事件进行评价。 (　　)
4. 通报的正文中不需要提出工作要求。 (　　)

四、简答题

1. 简述通报结构的主要环节。

2. 简述表彰（批评）通报正文的主要内容。

3. 如何理解通报的时效性?

五、写作题

某公司综合办员工杨明在上班期间在办公室内抽烟，公司领导决定对其进行处罚，并通报全公司。请以综合办名义制发该通报，其他相关信息可自行补充。

第三节　通告

一、填空题

1. 在一定范围内公布应当遵守或者周知的事项的公文是________________。

2. 仅告知相关情况，不具有约束力的通告是________________。

3. 要求相关范围内的单位、部门和人员予以遵守、执行的通告是________________。

二、选择题

1.（单选）某供电公司准备在某一条线路采取停电措施，需提前告知该区域居民和单位，应当制发的文种是（　　）。

A. 通知　　B. 通报　　C. 通告　　D. 公告

2.（单选）下列通告的标题，最为规范的是（　　）。

A. 通告

B. 停水通告

C. 交通管制通告

D.×× 交通局关于在 ×× 路段临时采取交通管制措施的通告

3.（单选）下列属于通告中的过渡句的是（　　）。

A. 特此通告　　B. 现将相关事项通知如下

C. 现将有关事项通告如下　　D. 现就有关事项通报如下

4.（多选）下列可以作为通告结束语的有（　　）。

A. 特此通知　　B. 敬请知悉

C. 特此通告　　D. 本通告自发布日起执行

5.（多选）下列适于使用通告行文的事务有（　　）。

A. 在特定区域实施生活垃圾分类　　B. 在特定区域停水停电

C. 在特定区域开展拆迁　　D. 在本单位内部表彰员工

E. 召开会议

6.（多选）通告的标题可以采用（　　）等形式书写。

A. 发文单位 + 事由 + 文种　　B. 事由 + 文种

C. 文种　　D. 省略标题

7.（多选）通告的行文方向主要包括（　　）。

A. 上行　　B. 平行　　C. 下行　　D. 中行

8.（多选）下列属于通告主要特点的为（　　）。

A. 周知性　　B. 约束性　　C. 范围特定性

D. 语言通俗性　　E. 事项合规性

三、判断题

1. 通告的主送对象可以省略。（　　）

2. 通告事项内容应简要写明，不需要详细介绍。（　　）

3. 通告既可以用文件形式印发，也可以张贴或在新闻媒体发布。（　　）

4. 通告可以省略结束语。（　　）

四、简答题

1. 简述通告结构的主要环节。

2. 简述通告正文的主要内容。

3. 简述撰写通告应当遵守的事项。

4. 为什么说通告的内容要符合法律法规?

五、写作题

某校位于市区中心地带，常有车辆在校园内借道行驶，多次发生交通事故，严重干扰了学校的正常秩序。为了还师生一个安静、安全的校园，学校保卫处准备在门口张贴一份文件，严禁外单位机动车辆借道行驶，同时对外来办事的车辆、校内的车辆和在校内施工的车辆出入校园加强管理。请代保卫处拟文，要求文种恰当，语言简洁，对不同车辆采取不同管理措施。

第四节 报告

一、填空题

1. 向上级机关汇报工作、反映情况，回复上级机关询问的公文是________________。

2. 从行文方向看，报告是________________。

3. 向上级单位汇报出现的新情况、新问题的报告是________________。

4. 回复上级询问的报告是________________。

二、选择题

1.（单选）下级就本单位或部门的工作情况向上级进行汇报，应制发的文种是（　　）。

A. 通知　　B. 通报　　C. 通告　　D. 报告

2.（单选）下列报告的标题，最为规范的是（　　）。

A. 报告

B. 工作报告

C. 情况报告

D. 行政人事部关于“送温暖”活动情况的报告

3.（单选）报告的主送机关应是（　　）。

A. 上级　　B. 平级　　C. 下级　　D. 以上均可

4.（单选）下列可以作为报告结束语的是（　　）。

A. 以上报告请批准　　B. 敬请知悉

C. 特此报告　　D. 自即日起生效

5.（多选）下列适于使用报告行文的事务有（　　）。

A. 本单位出现事故，向上级反映

B. 在本单位内部向下级部署工作

C. 本单位出现困难，请上级帮助解决

D. 本单位出现新情况，向上级汇报

E. 本单位工作进展到一定阶段，向上级汇报阶段性成果

6.（多选）报告的成文日期可以在（　　）等环节书写。

A. 标题下方　　B. 文末署名之后

C. 省略日期　　D. 封面

7.（多选）下列属于撰写报告的要求的为（　　）。

A. 材料要真实　　B. 文字要精练

C. 不能夹带请示事项　　D. 内容多样

8.（多选）答复报告的主要内容包括（　　）。

A. 答复缘由　　B. 答复事项　　C. 目的

D. 根据　　E. 工作部署

三、判断题

1. 受双重领导的单位，在向一个上级制发报告时，如果有必要可以将该报告抄送另一个上级。（　　）

2. 报告的主送机关应是一个，如果是两个就会出现“多头主送”的错误。（　　）

3. 向上级报告工作进展时，应既包括已经完成的工作，也包括下一步的工作安排。（　　）

4. 报告可以用于向上级领导单位申请经费。（　　）

四、简答题

1. 简述工作报告的主要内容。

2. 简述情况报告的主要内容。

3. 为什么报告中不能夹带请示事项?

五、写作题

××化工厂第一车间某日发生一起火灾，烧毁机器设备1台，严重损毁设备2台，造成直接经济损失约8万元，没有人员伤亡。消防部门调查表明，起火原因为当天值班员李某在车间抽烟后将烟蒂遗落在易燃物上引发火灾。当地安全生产监督管理局得知该事故后，专门向该厂了解情况，并责成其将事故情况、处置工作以及改进措施以书面形式汇报。根据以上材料撰写一份向安全生产监督管理局汇报相关情况的公文。其他相关信息可自行补充。

第五节 请示

一、填空题

1. 用于向上级单位请求指示、批准的公文是________________。
2. 从行文方向看，请示是________________。
3. 请示的主送对象是制发单位的________________。
4. 请示主送对象的数量是________________。

二、选择题

1.（单选）本单位的某一困难需要上级帮助解决，应制发的文种是（ ）。
A. 通知 B. 通报 C. 请示 D. 报告
2.（单选）下列请示的标题，最为规范的是（ ）。
A. 申请
B. 请示
C. 关于 ×× 的申请
D. 行政人事部关于采购人力资源管理软件的请示
3.（单选）请示的主送机关应是（ ）。
A. 上级 B. 平级
C. 下级 D. 以上均可
4.（单选）下列可以作为请示结束语的是（ ）。
A. 以上报告请批准 B. 敬请知悉
C. 妥否，请批复 D. 自即日起生效
5.（多选）下列适于使用请示行文的事务有（ ）。
A. 本单位出现事故，向上级反映
B. 在本单位内部向下级部署工作
C. 本单位无力解决一些难题，请上级帮助解决
D. 本单位对某项政策有不解，请上级予以解释澄清
E. 本单位准备召开职工代表大会，请上级批准开会
6.（多选）请示的缘由比较适宜采用的内容为（ ）。
A. 事实 B. 数据 C. 背景 D. 问题
7.（多选）撰写请示适宜使用的词汇包括（ ）。
A. 请 B. 拟 C. 建议
D. 务必 E. 必须

三、判断题

1. 请示一般不越级行文，不向领导个人请示。 （ ）
2. 请示正文中应提出解决问题的初步意见与方案，供领导批复时参考。 （ ）
3. 报告中不能夹带请示事项，请示中也不能包含报告的内容。 （ ）
4. 请示的事项务必明确、清晰，涉及数字、金额应保证准确。 （ ）

四、简答题

1. 简述请示与报告的区别。

2. 简述请示的主要内容。

3. 简述请示的主要行文规则。

五、写作题

某地产集团公司的规划设计部使用的设计软件版本较低，不能满足需求。规划设计部与某软件公司联系后，安装了该公司试用版软件，经过试用比较满意，打算申请购买5套正版软件。请代该部撰写相关文件，要求：文种规范，缘由充分，事项明确，结构环节完整规范。其他相关信息可自行补充。

第六节　函

一、填空题

1. 函用于不相隶属单位之间相互________，询问和答复问题，请求批准和答复审批事项。

2. 从行文方向看，函是________。

3. 函的主送对象和发文单位的关系是不相________。

4. 主动将有关信息（如问题、意见、情况）告知对方的函件是________。

二、选择题

1.（单选）无隶属关系的两个单位之间洽谈商品买卖等事项可使用的是（　　）。

A. 商洽函　　B. 告知函　　C. 问复函　　D. 请准函

2.（单选）向有关单位询问、答复有关问题和情况的函是（　　）。

A. 商洽函　　B. 告知函　　C. 问复函　　D. 请准函

3.（单选）向不相隶属的主管部门请求批准某一事项，应使用的文体是（　　）。

A. 请示　　B. 申请　　C. 报告　　D. 函

4.（单选）下列可以作为商洽函结束语的是（　　）。

A. 请批准　　B. 敬请知悉

C. 妥否，请批复　　D. 望大力协助，盼复

5.（多选）下列适于使用函行文的事务有（　　）。

A. 甲公司向某报社索取广告报价表

B. 甲公司询问某物流公司可否承接运输设备的业务

C. 甲部门向人力资源部要求增加用人指标

D. 甲单位向上级领导单位申请拨付经费

E. 甲部门邀请上级领导参加本部门会议

6.（多选）函的发文缘由比较适宜采用的内容为（　　）。

A. 介绍目的　　B. 说明根据　　C. 概述背景　　D. 引述来文

7.（多选）函的标题的要素构成包括（　　）。

A. 发文单位名称　　B. 事由　　C. 函（文种）

D. 介词“关于”　　E. 助词“的”

8.（多选）撰写函适宜使用的词汇包括（　　）。

A. 请　　B. 盼　　C. 贵公司

D. 你公司　　E. 必须

三、判断题

1. 函的标题可以写成“致 ××”。 （ ）
2. 函的主送对象比较灵活多样，可以包括发函单位的下级和上级。 （ ）
3. 函的语言应态度诚恳，语气谦和。 （ ）
4. 函的内容比较丰富，可以包括多种事项。 （ ）

四、简答题

1. 简述选择用函行文的主要依据。

2. 简述请求批准函与请示的区别。

3. 简述保持函正文篇幅简短的基本方法。

五、写作题

中国服装产业博览会将于 20×× 年 11 月 16—18 日在北京某展览馆举行。组委会向相关企业发出邀请函，邀请企业参展。请以此为基础，撰写邀请函，具体信息可自行补充。

第七节　决定

一、填空题

1. 适用于对重要事项做出决策和部署的公文是________________。

2. 从效力来看，决定具有指挥性和________________。

3. 从行文方向看，决定是________________。

4. 对重要事项或重大行动做出决策部署，提出规定要求的是________________。

二、选择题

1.（单选）用于表彰有突出贡献的先进集体或个人，处分犯有重大错误的单位或人员的决定是（　　）。

A. 指挥性决定　　B. 奖惩性决定

C. 知照性决定　　D. 决策性决定

2.（单选）下列决定的标题，最为规范的是（　　）。

A. 决定

B. 表彰决定

C. 关于 ×× 的决定

D. ×× 公司关于表彰 ×× 荣誉称号获得者的决定

3.（单选）决定的主送机关应是（　　）。

A. 上级　　B. 平级

C. 下级　　D. 以上均可

4.（单选）下列可以作为决定结尾的是（　　）。

A. 希望与号召　　B. 特此决定

C. 妥否，请批复　　D. 自即日起生效

5.（多选）下列适于使用决定行文的事务有（　　）。

A. 修改颁布法规　　B. 表彰立功单位或人员

C. 部署工作检查任务　　D. 申请经费支持

E. 与合作伙伴商洽业务

6.（多选）决定的发文缘由比较适宜采用的内容为（　　）。

A. 法律法规　　B. 工作中的具体情况

C. 目的　　D. 依据

7.（多选）决定的成文日期可以在（　　）等环节标注。

A. 标题下方　　B. 文末署名之下

C. 正文中　　D. 省略

三、判断题

1. 决定主要针对重大事项，因此在基层单位使用频率很低。 （ ）
2. 决定可以奖惩有关单位和人员，奖惩决定的规格比通报要高。 （ ）
3. 决定只能在本单位内部发布，不适合对外发布。 （ ）
4. 决定具有较强的约束力，具有法定效力。 （ ）

四、简答题

1. 简述决定的主要内容。

2. 简述表彰决定的主要内容。

3. 简述撰写决定的主要要求。

五、写作题

某医院医生李 × 在防控新冠疫情工作中，连续工作多日，不幸突发疾病，猝死在工作岗位上。当地卫生健康委员会决定在全市医疗卫生系统中开展向李医生学习活动。请据此撰写相关公文。要求：文种恰当，内容全面，评述得当，篇幅合理。其他信息可自行补充。

第八节　意见

一、填空题

1. 意见适用于对重要问题提出见解和________________。

2. 从效力来看，意见具有方向性和________________。

3. 从行文方向看，意见可以用作上行文、下行文和________________。

4. 上级直接向下级布置任务，对重要问题提出指导性原则、见解、办法的意见是________________。

二、选择题

1.（单选）下级单位或部门就自己主管的工作内容向直接的上级提出建议的意见是（　　）。

A. 指导性意见　　B. 建议性意见

C. 参考性意见　　D. 强制性意见

2.（单选）下列意见的标题，最为规范的是（　　）。

A. 意见

B. 实施意见

C. 关于进一步做好稳就业工作的实施意见

D. ××市人民政府关于进一步做好稳就业工作的实施意见

3.（单选）作为下行文的意见，主送单位往往是（　　）。

A. 多个　　B. 一个

C. 省略　　D. 以上均可

4.（单选）意见的正文主体一般采取（　　）的结构方式。

A. 表格式　　B. 条款式

C. 条目式　　D. 章节式

5.（多选）意见的主体事项主要包括（　　）。

A. 指导思想　　B. 对问题的看法　　C. 解决的办法

D. 工作的重要意义　　E. 工作要求

6.（多选）意见正文主要包括（　　）等内容。

A. 发文缘由　　B. 意见事项

C. 结尾　　D. 附件

7.（多选）意见结尾的处理方式可以为（　　）。

A. 提出要求和希望　　B. 省略结尾

C. 特此公告　　D. 本规定自即日起施行

三、判断题

1. 意见可以要求上级审核，如同意，则建议批转给有关对象执行。（　　）

2. 意见不能直接行文，只能通过通知印发或批转。（　　）

3. 意见针对的事项比较具体，一般是日常工作。（　　）

4. 如果出现比较重要的新情况、新问题而无现成经验和方法解决时，可用意见行文，提出方向性指导。（　　）

四、简答题

1. 简述决定、通知、意见三种文体的差异。

2. 简述撰写意见应当遵循的基本要求。

五、写作题

一些在校生缺乏正确的消费观，过度消费、非理性消费现象突出。请针对这一情况进行必要的调查研究，就如何培养学生理性的消费观提出实施意见。

第九节　纪要

一、填空题

1. 纪要用于记载和传达会议情况和________________。

2. 纪要产生于会议后期或者会后，从属性看，纪要具有________________。

3. 从效力来看，纪要具有________________。

4. 纪要的成文日期往往不标注在文末，而是标注在________________。

二、选择题

1.（单选）在纪要中，概述会议基本情况的结构环节是（　　）。

A. 导言　　B. 标题　　C. 主体　　D. 结尾

2.（单选）纪要主体的主要内容是（　　）。

A. 会议概况　　B. 参加人员　　C. 议定事项　　D. 希望和号召

3.（单选）纪要的主送单位往往是（　　）。

A. 多个　　B. 一个　　C. 不标注　　D. 以上均可

4.（多选）下列属于纪要中的用语有（　　）。

A. 会议认为　　B. 会议决定　　C. 会议号召　　D. 会议要求

5.（多选）纪要产生的基础材料包括（　　）。

A. 会议情况　　B. 会议记录　　C. 其他会议材料

D. 领导讲话　　E. 参会者发言

6.（多选）纪要的作用体现在（　　）等方面。

A. 确认会议过程和决定事项　　B. 向上级汇报会议情况

C. 向下级传达会议精神　　D. 规范相关工作

7.（多选）按照内容性质划分，纪要可分为（　　）等类型。

A. 决议性会议纪要　　B. 部署性会议纪要

C. 情况性会议纪要　　D. 座谈会纪要

8.（多选）纪要的标题主要由（　　）等要素构成。

A. 会议名称　　B. 文种（纪要）　　C. 关于　　D. 日期

三、判断题

1. 纪要文末往往不标注发文单位名称，也不加盖公章。（　　）

2. 纪要和会议记录的功能、内容、写作方法等方面相同。（　　）

3. 纪要的内容不能面面俱到，而是抓住重点、要点，反映出会议主要精神和重要事项。（　　）

4. 纪要一般不能对外发布，也不具有强制效力。（　　）

四、简答题

1. 纪要在结构上与其他公文有哪些差异?

2. 纪要概述会议基本情况主要包括哪些内容?

3. 简述纪要和会议记录的主要差异。

五、写作题

某集团于 6 月 28 日召开上半年工作总结暨下半年工作部署大会，集团董事长在会议上做了重要讲话。× 部于 7 月 2 日召开会议，传达学习集团会议精神，并就落实集团要求进行研究。请据此撰写该部会议纪要，相关情况可自行补充。

第二章　事务文书

第一节　启事、海报

一、填空题

1. 启事是各级机关、社会团体、企事业单位或个人向公众说明事实或________________________________的文书。

2. 凡有事情要做公开说明以求大家协助即可写启事，因此启事具有______________。

3. 海报是预报各种较大型的文体活动从而吸引公众参与的一种____________应用文。

4. 启事和海报都可在________________张贴或通过媒体发布。

二、选择题

1. (单选)下列适合发布启事的情况是(　　)。

A. 颁布法规　B. 提出建议　C. 寻找遗失物品　D. 表彰先进

2. (单选)下列适合发布海报的情况是(　　)。

A. 寻找遗失物品　B. 宣传影片

C. 在某路段实施交通管制　D. 报送文件

3. (单选)征稿启事属于(　　)的启事。

A. 寻找类　B. 声明类　C. 征招类　D. 强制类

4. (单选)下列属于寻找类启事的是(　　)。

A. 征稿启事　B. 招聘启事　C. 寻人启事　D. 迁址启事

5. (多选)下列标题中，可以作为启事标题的有(　　)。

A. 招聘会计　B. 失物招领　C. 球讯

D. 征稿启事　E. 精彩演出

6. (多选)启事标题的常见形式包括(　　)。

A. 发文单位 + 事由 + 文种　B. 事由 + 文种

C. 文种　D. 事由

7. (多选)下列可以作为海报标题的有(　　)。

A. 海报　B. 影讯

C. 网络专家现身说法　D. 省略标题

8.（多选）下列可以作为海报内容的有（　　）。

A. 活动项目　　B. 时间　　C. 地点

D. 注意事项　　E. 目的和意义

三、判断题

1. 作为一种应用文书，启事也可以写作“启示”。（　　）
2. 启事的主要发文意图是希望得到社会各界的支持与配合。（　　）
3. 启事的篇幅一般比较简短，但内容可以包括不同的多个事项。（　　）
4. 海报可以印刷制作，也可以手写。（　　）

四、简答题

1. 简述招聘启事的主要内容。

2. 简述寻物启事的主要内容。

3. 简述海报正文的主要内容。

五、写作题

假如你的手机不慎遗失，请撰写一份寻物启事。要求：内容全面，语言准确，结构完整，格式规范。相关信息可自行补充。

第二节　便条、条据

一、填空题

1. 便条是日常生活或工作中处理______________的便利性文书。

2. 条据是单位或个人在日常生活或工作中处理钱物关系的______________。

3. 当有事情通知对方或有事托付对方，而对方不在且没时间等候对方回来时，可写______________。

4. ______________是收到交来的钱或物写给送交者作为凭证的条据。

二、选择题

1.（单选）在日常工作、学习、生活中，为处理财物或事务往来，写给对方的作为某种凭证或说明的字条是（　　）。

A. 书信　B. 条据　C. 合同　D. 协议

2.（单选）个人（单位）向另外的个人（单位）领取钱款或物品后，留给发放人（单位）的文字凭证是（　　）。

A. 留言条　B. 借条　C. 收条　D. 领条

3.（单选）为证明一方欠另一方财物而立下的字据是（　　）。

A. 留言条　B. 借条　C. 收条　D. 欠条

4.（单选）便条中对受文人的称呼是（　　）。

A. 标题　B. 称谓　C. 正文　D. 落款

5.（多选）借据需要写入的内容有（　　）。

A. 借用目的　B. 借用物品名称　C. 借用物品数量与单位

D. 出借方名称　E. 借用方名称　F. 归还日期

6.（多选）下列可以作为条据标题的有（　　）。

A. 文种　B. 代收条　C. 留言条

D. 请假条　E. 省略标题

7.（多选）下列可以作为留言条内容的有（　　）。

A. 告知事项　B. 联系方式　C. 联系地址

D. 回复事项　E. 下次约见信息

8.（多选）收条的内容主要包括（　　）。

A. 个人或单位名称　B. 物件名称

C. 数量或金额　D. 注意事项

E. 目的和意义

三、判断题

1. 便条的内容应简要、明确。（　　）
2. 便条中的金额数字只需要用阿拉伯数字书写。（　　）
3. 条据中的文字如果需要改动，只需要划掉重写即可。（　　）
4. 条据只有证明作用，没有约束作用。（　　）

四、简答题

1. 简述条据中金额数字书写注意事项。

2. 简述撰写便条的注意事项。

3. 简述请假条正文的主要内容。

五、写作题

学生马 ×× 因参加学校某项文体活动筹备工作，需要向班主任老师请假两天。请根据这一基本情况代他撰写请假条。要求：请假理由充分真实，请假日期明确，语言得体，篇幅简短。相关信息可自行补充。

第三节 计划

一、填空题

1. 计划是某个单位、部门、个人以书面的形式，对未来一定时期内的工作或活动提出设想、做出安排的________________文书。

2. 时间跨度长（3 年以上）、范围广、内容较概括的计划是________________。

3. ________________是就工作方向、目标提出纲领性要求和指导性措施的计划。

4. 计划按性质划分为综合性计划和________________。

二、选择题

1.（单选）从目的、要求、方式、方法、进度等方面部署具体、周密、操作性较强的计划是（　　）。

A. 规划　　B. 纲要　　C. 要点　　D. 方案

2.（单选）计划中用来实现目标的具体方法是（　　）。

A. 标题　　B. 步骤　　C. 措施　　D. 目的

3.（单选）计划中各类内容都应围绕（　　）的方面来撰写。

A. 目标　　B. 措施　　C. 步骤　　D. 意义

4.（单选）计划的表达方式主要是（　　）。

A. 叙述　　B. 说明　　C. 议论　　D. 抒情

5.（多选）计划按表达形式划分有（　　）。

A. 条文式　　B. 表格式　　C. 条文表格结合式

D. 图形式　　E. 数据式

6.（多选）计划的标题构成要素主要包括（　　）。

A. 单位名称　　B. 适用时间　　C. 内容性质　　D. 文种

7.（多选）未成熟的计划，可在标题尾部做（　　）等标注。

A. 草案　　B. 征求意见稿　　C. 送审稿

D. 定稿　　E. 试行稿

8.（多选）计划引言部分的内容一般包括（　　）。

A. 指导思想　　B. 依据　　C. 意义

D. 基本情况　　E. 目标

三、判断题

1. 计划的目标只能通过定量的方式来界定。（　　）

2. 计划的目标应具有可行性与挑战性，不应过高或过低。（　　）

3. 计划的结尾可以灵活处理，可写希望，也可省略。 (　　)

4. 计划类文书的标题可以根据具体情况选择纲要、要点、安排等不同类型。 (　　)

四、简答题

1. 简述计划标题的几种常用类型。

2. 简述计划正文主体的主要内容。

3. 简述撰写计划的注意事项。

五、写作题

某公司谋划新一年的销售工作，明确“外拓市场、内抓管理”的总体思路，确立了销售收入 15 000 万元、净利润 1 000 万元～1 500 万元的工作目标，准备采取统一市场形象、健全销售网络、扩充销售队伍等措施。请根据以上情况，撰写该公司销售工作计划。要求：内容完善充实，目标、方法等具体可行，结构环节完整，语言简要，条理清晰。其他情况可自行补充。

第四节 总结

一、填空题

1. 总结是对前一阶段工作或学习进行回顾、反思、分析、评价，从中找出成绩和经验、问题和教训，获得________认识的文书。

2. 总结按性质划分为综合性总结和________。

3. 总结的公文式标题由单位名称、时间、________和文种构成。

4. 避免在总结中夸大成绩、隐瞒缺点、报喜不报忧，这体现的原则是________。

二、选择题

1.（单选）全面反映一个单位或部门各方面情况的总结是（　　）。

A. 综合性总结　　B. 专题性总结

C. 部门总结　　D. 阶段总结

2.（单选）总结中概述工作基本情况的结构环节是（　　）。

A. 标题　　B. 引言　　C. 主体　　D. 结尾

3.（多选）总结主体内容主要包括（　　）。

A. 基本做法、成绩和经验　　B. 问题与教训

C. 今后工作和努力的方向　　D. 意义与目的

4.（多选）总结主体常见的结构形式有（　　）。

A. 分部式　　B. 阶段式　　C. 观点式　　D. 条款式

5.（多选）下列可以作为总结标题的有（　　）。

A. ×× 市财政局 20×× 年工作总结

B. 创先争优活动总结

C. 推动人才交流，培植人才资源

D. 加强医德修养，树立医疗新风——×× 医院精神文明建设的经验

E. 总结

6.（多选）常见的总结署名格式有（　　）。

A. 正文末尾　　B. 标题下方　　C. 正文中　　D. 省略署名

三、判断题

1. 总结不能千篇一律，应写出具有特色的内容。（　　）

2. 总结的内容应尽可能丰富，工作无论是否重要，都要写入总结正文。（　　）

3. 总结应对工作进行深入反思，带有一定理论性，以便作为今后工作的借鉴。（　　）

4. 阶段式结构适合时限较长而又具有明显阶段性的工作总结，其他工作不适用这种结构模式。（　　）

四、简答题

1. 简述总结引言的主要内容。

2. 简述总结的分部式结构中包括的主要内容。

3. 简述增强总结理论性的基本方法。

五、写作题

根据自己在过去一学年的学习情况和实践情况，撰写一份总结。要求：实事求是，内容全面；结构合理，条理清晰；语言准确，格式规范。

第五节　证明信

一、填空题

1. 证明信是持有者用以证明自己的身份、经历或某件事情真实性的一种____________________。

2. 证明信是组织（单位）用可靠的材料证明有关人员的身份、经历、学历或某件事情的________________而写的信件。

二、选择题

1.（单选）需要证明信的单位或个人，其名称或姓名在证明信中称作（　　）。

A. 标题　　B. 称谓　　C. 主体　　D. 署名

2.（单选）出具证明信的单位或个人，其名称或姓名在证明信中称作（　　）。

A. 标题　　B. 称谓　　C. 主体　　D. 署名

3.（多选）下列可以作为证明信标题的有（　　）。

A. 证明　　B. 证明信

C. 有关 ×× 问题的证明　　D. 省略

4.（多选）下列可以作为证明信结束语的有（　　）。

A. 此证明　　B. 特此证明　　C. 此证　　D. 特此函达

5.（多选）下列可以作为证明信生效标志的有（　　）。

A. 单位公章　　B. 个人私章

C. 个人签名　　D. 正文中的效力说明

6.（多选）证明信用来证明的事项包括（　　）。

A. 身份　　B. 资质　　C. 经历　　D. 人际关系

三、判断题

1. 证明信一般只能由单位出具，个人出具的证明信无效。（　　）

2. 证明信的正文内容要针对对方所要求的要点写，即写清需要证明的问题或事项，不写其他无关内容。（　　）

3. 证明信可以省略出具日期。（　　）

4. 证明信如果需要修改，在修改处应加盖公章或签名。（　　）

四、简答题

1. 简述证明信的主要结构环节。

2. 简述撰写证明信的注意事项。

五、写作题

王 × 是一名来自农村贫困家庭的新生，当他到 ×× 学校入学报到时，无法及时缴纳住宿费、书费。学校同意对他减免这些费用，但是需要他所在村的村委会出具一份证明信才能办理相关手续。请代村委会撰写这份证明信。要求：内容属实，语言简洁，格式规范。

第六节　介绍信

一、填空题

1. 介绍信是社会组织派人去其他单位联系工作、洽谈业务、办理事务时所开具的介绍性________________。

2. 介绍信实际上是代表单位的授权或委托，具有一定的________________。

二、选择题

1.（单选）按照一定样式印制，由正联和存根联组成的介绍信是（　　）。

A. 填写式介绍信　　B. 书信式介绍信

C. 证明　　D. 委托书

2.（单选）接受介绍信的单位或个人，其名称或姓名在介绍信中称作（　　）。

A. 标题　　B. 称谓　　C. 主体　　D. 署名

3.（单选）开具介绍信的单位，其名称在介绍信中称作（　　）。

A. 标题　　B. 称谓　　C. 主体　　D. 署名

4.（单选）有存根的介绍信应在两联之间（　　）。

A. 盖骑缝章　　B. 盖个人私章

C. 作个人签名　　D. 不作处理

5.（多选）下列可以作为介绍信结束语的有（　　）。

A. 此致敬礼　　B. 请接洽

C. 望接洽为盼　　D. 特此函达

6.（多选）介绍信中涉及持信人的信息主要包括（　　）。

A. 姓名　　B. 年龄　　C. 政治面貌

D. 职务　　E. 人数

三、判断题

1. 书信式介绍信的内容可以更为详细、具体。 ( )
2. 填写式介绍信的正联和存根联的内容可以有一定差异。 ( )
3. 介绍信可以省略出具日期。 ( )
4. 开具介绍信时，应填写持介绍信者的真实姓名、身份，防止冒名顶替。 ( )

四、简答题

1. 简述介绍信正文的主要内容。

2. 简述书信式介绍信的主要结构环节。

五、写作题

××职业学校与××公司建立了长期的校企合作关系。为安排20××届学生的实习工作，学校于20××年底派分管实践教学的李××副校长和会计系王×主任前往该公司洽谈此项工作。请根据以上信息，为李、王二人开具介绍信。要求：事由明确，格式规范，语言简要。

第七节　简报

一、填空题

1. 简报由各类社会机构编发，主要作用是________________、沟通信息、交流经验、指导工作。

2. 会议举行期间编发的反映会议进程和讨论内容的简报是______________。

二、选择题

1.（单选）简报中说明编者观点、介绍文章来源、提示文章内容的环节是（　　）。

A. 标题　　B. 按语　　C. 正文　　D. 报尾

2.（多选）下列属于简报报头的要素有（　　）。

A. 简报名称　　B. 期号　　C. 编发单位

D. 发行日期　　E. 密级

3.（多选）下列可以作为报头中简报名称的有（　　）。

A. 市场动态　　B. 情况交流　　C. 内部参考　　D. 简讯

4.（多选）下列不是简报中必须的结构为（　　）。

A. 密级　　B. 按语　　C. 目录

D. 正文　　E. 标题

5.（多选）简报的标题类型主要包括（　　）。

A. 新闻式标题　　B. 单行标题　　C. 正副标题

D. 公文式标题　　E. 省略

6.（多选）简报报尾项目的内容主要包括（　　）。

A. 发送对象、范围　　B. 印刷日期　　C. 公章

D. 署名　　E. 印发机关

三、判断题

1. 一期简报可以只有一篇文章，也可以包括多篇文章。（　　）

2. 简报大多数是连续编发，需要编制连贯的期号。（　　）

3. 简报文章的正文应主题多样，一篇文章可包含多方面内容。（　　）

4. 编发简报要讲求时效性，迅速反映工作中出现的情况、进展或问题。（　　）

四、简答题

1. 简述简报导语的常用写作方法。

2. 简述撰写简报的注意事项。

五、写作题

某电器销售公司利用国庆节假期加大促销力度，重点对高清电视、冰洗产品等传统品类和手机等通信消费类电子产品进行宣传，创造了销售业绩新高。请根据这一基本情况，搜集资料补充其他相关情况，撰写一份销售工作简报。要求：简报结构环节完整，内容概括准确、全面，语言简要，条理清晰。

第八节　述职报告

一、填空题

1. 述职报告是陈述自己在一定时间内履行岗位工作职责的成绩和问题的文书，具有________________。

2. 主要内容是反映某一方面工作情况的述职报告是________________。

3. 从表达形式上划分，述职报告可分为口头述职报告和________________。

二、选择题

1.（单选）听取述职报告的对象，在述职报告中称作（　　）。

A. 标题　　B. 称谓　　C. 引言　　D. 署名

2.（多选）下列可以作为述职报告标题的有（　　）。

A.×× 财政厅 ××× 任职期间的述职报告

B.20××—20×× 年任税务局长职务的述职报告

C.×× 公司 ××× 述职报告

D. 思想政治工作要结合经济工作一起抓——×× 总经理王 ×× 述职报告

E. 述职报告

3.（多选）述职报告引言的主要内容包括（　　）。

A. 所任职务　　B. 主要任务和职责

C. 目标任务完成情况　　D. 总体评价

E. 具体做法措施

4.（多选）述职报告正文的主要内容包括（　　）。

A. 实绩　　B. 做法　　C. 经验、教训

D. 体会　　E. 问题

5.（多选）下列可以作为述职报告结尾句的有（　　）。

A. 以上报告，请审阅　　B. 特此报告，请审查

C. 以上报告，请领导、同志们批评指正　　D. 敬请知悉

E. 特此函达

6.（多选）述职报告的署名可以写在（　　）等地方。

A. 标题下方　　B. 尾部落款　　C. 省略　　D. 正文中间

三、判断题

1. 述职报告的内容应既讲成绩，也讲不足。（　　）

2. 述职报告应体现工作的个性、特色和独特性。（　　）

3. 述职报告的主要内容是工作情况，因此不应介绍思想作风、职业道德等方面的情况。（　　）

4. 述职报告的篇幅应短小精悍。（　　）

四、简答题

1. 简述述职报告主体部分的结构安排方式。

2. 简述撰写述职报告的注意事项。

五、写作题

某公司办公室秘书李 × 任职已有半年时间，年底需要参加对新员工的考评。人力资源部要求李 × 做述职报告，部门其他人员进行无记名民主评议。她的主要工作职责包括办文、办事和办会等几方面。请搜集相关资料，代李 × 撰写书面述职报告。要求：内容包含思想政治情况、履职情况、工作中存在的不足以及今后努力方向等，语言简明，结构完整，条理清晰。

第九节　规章制度

一、填空题

1. 规章制度对有关工作、活动及人员的行为做出规范要求并具有________________。

2. 政党、团体、企业或其他组织依据法律法规，对本组织的性质宗旨、组织原则、机构设置、职权范围等做出规范要求的文书是________________。

3. 为了贯彻执行条例中某一条款或某些条款制定的详细规则是________________。

二、选择题

1.（单选）针对某项工作或某一方面活动的具体方法、步骤、措施等做出规定的文书是（　　）。

A. 章程　B. 条例　C. 细则　D. 办法

2.（单选）要求特定的群体共同遵守的道德和行为规范的文书是（　　）。

A. 守则　B. 条例　C. 细则　D. 办法

3.（多选）规章制度的标题一般由（　　）等要素构成。

A. 单位名称　B. 事由　C. 文种

D. 生效日期　E. 对象范围

4.（多选）规章制度标题下方题注的内容主要包括（　　）。

A. 发布单位　B. 发布时间　C. 通过的会议

D. 事由　E. 有效期

5.（多选）规章制度总则一般包括（　　）等内容。

A. 依据、目的、宗旨　B. 背景

C. 基本原则　D. 适用范围

E. 意义

6.（多选）规章制度一般包括（　　）等内容。

A. 规定、要求　B. 构成、过程

C. 奖励　D. 处罚

7.（多选）规章制度附则一般包括（　　）等内容。

A. 制定权、修订权、解释权的归属　B. 与其他相关规章制度的关系

C. 施行日期　D. 适用范围

三、判断题

1. 国家行政机关及其职能部门一般不使用章程。（　　）

2. 规章制度的内容必须与国家法律法规保持一致。（　　）

3. 为了便于理解执行，规章制度应对某些条款进行理论解释。（　　）

4. 规章制度的结构形式一般是章条式或条款式，章条或条款均应编序号。（　　）

四、简答题

1. 简述企业中常见规章制度的种类。

2. 简述撰写规章制度的注意事项。

五、写作题

某公司设立了新媒体运营岗位，请查阅相关资料，为这一岗位制定岗位职责。要求：内容全面，语言简明，结构完整，条理清晰。

第三章 公关文书

第一节 邀请函、请柬

一、填空题

1. 邀请函和请柬是单位、团体或个人为了举办各种联谊活动、纪念活动、交往活动而向受信方发出郑重邀请的________________书信。

2. 邀请函正文后附________________，便于受邀请者确认并填写参加活动的相关信息。

二、选择题

1.（多选）适用于向参加者发送邀请函的活动包括（　　）。

A. 学术研讨会　　B. 经验交流会　　C. 纪念会

D. 订货会　　E. 例会

2.（多选）适用于向参加者发送请柬的活动包括（　　）。

A. 婚庆典礼　　B. 开业典礼　　C. 宴会

D. 博览会　　E. 例会

3.（多选）下列可以作为邀请函标题的有（　　）。

A. 邀请函　　B. 服装展销会邀请函

C. 欢迎光临　　D. 省略

4.（多选）邀请函和请柬中的称谓应包括（　　）等要素。

A. 单位名称　　B. 个人姓名　　C. 尊称

D. 职务　　E. 职称

5.（多选）下列可以作为邀请函和请柬结束语的有（　　）。

A. 敬请（恭请）光临　　B. 此致敬礼

C. 诚邀阁下届时光临　　D. 敬请莅临指导

E. 特此函达

6.（多选）邀请函和请柬的落款主要包括（　　）等要素。

A. 单位署名　　B. 个人署名　　C. 公章

D. 日期　　E. 祝愿语

三、判断题

1. 邀请函和请柬可以根据需要设置单独的封面，也可以没有封面。（ ）
2. 邀请函和请柬的正文内容应便于对方了解活动情况，尤其是时间、地点要准确。（ ）
3. 邀请函和请柬应印制精美，简洁大方。（ ）
4. 邀请函和请柬应使用口语，以便对方阅读理解。（ ）

四、简答题

1. 简述邀请函正文的主要内容。

2. 邀请函后附的回执主要包括哪些内容?

五、写作题

某学校团委准备举办一届“双创”大赛，各方面的筹备工作基本就绪，现在需要邀请校内和校外的创业导师参加开幕式，并对参赛项目进行初评。根据以上情况，请代团委撰写一份邀请函。要求：语言得体，内容全面，结构完整，篇幅简短。

第二节　贺信

一、填空题

1. 贺信是社会机构或个人向取得突出成绩或举行重要的庆典、纪念活动的单位或个人表示祝贺的一种________文书。
2. 贺信的祝贺对象主要有上级、平级和________。

二、选择题

1.（单选）在贺信中，被祝贺单位名称或个人姓名称作（　　）。

A. 标题　　B. 称谓

C. 正文　　D. 署名

2.（多选）下列可以向对方发送贺信的情况有（　　）。

A. 重要活动、重要会议　　B. 开业庆典

C. 挂牌仪式、命名仪式　　D. 奠基仪式

E. 取得重要成果、成就

3.（多选）下列可以作为贺信标题的有（　　）。

A. 贺信　　B. 热烈祝贺 ×× 公司乔迁新址

C. ×× 公司贺信　　D. 致 ×× 公司的贺信

E. 省略标题

4.（多选）贺信引言的主要内容包括（　　）。

A. 对方取得的成绩　　B. 对方所处特定时刻

C. 对方所做出的重要贡献　　D. 祝贺之意

5.（多选）下列可以作为贺信结束语的有（　　）。

A. 祝取得更大的成绩　　B. 此致敬礼

C. 预祝事业更上一层楼　　D. 敬请莅临指导

E. 特此函达

6.（多选）贺信中的祝贺之意应体现在（　　）等结构环节。

A. 开头引言　　B. 正文主体

C. 结尾　　D. 署名

三、判断题

1. 贺信中表达的感情应真挚、热烈、突出。（　　）
2. 贺信不应对对方所取得的成就进行评价。（　　）
3. 贺信的篇幅应简短，大多只有数百字。（　　）
4. 贺信只能向合作伙伴制发，不适合对上级表示祝贺。（　　）

四、简答题

1. 简述贺信正文主体的内容。

2. 简述撰写贺信的注意事项。

五、写作题

某房地产公司即将举行成立十周年纪念活动。某建材公司与该地产公司有较多合作，特向对方发出贺信。根据以上情况，请代建材公司撰写这封贺信。要求：语言得体，内容全面，结构完整，篇幅简短。

第三节　感谢信

一、填空题

1. 感谢信是向对自己有所帮助、支持的单位、集体或个人表示________________的书信。

2. 根据感谢对象划分，感谢信分为给集体的感谢信和给________________的感谢信。

二、选择题

1.（单选）下列可以向对方发送感谢信的情况是（　　）。

A. 对方取得重大成就　　B. 与对方协商解决问题

C. 对方帮助解决困难　　D. 对方遇到困难挑战

2.（单选）在感谢信中，被感谢单位的名称或个人姓名称作（　　）。

A. 标题　　B. 称谓

C. 正文　　D. 署名

3.（单选）下列内容一般不宜写入感谢信的是（　　）。

A. 事情经过　　B. 个人情况

C. 帮助者　　D. 发信者未来打算

4.（多选）感谢信的寄送和发布渠道包括（　　）。

A. 在媒体公开　　B. 寄送给对方个人

C. 寄送给对方单位　　D. 无须寄送发布

5.（多选）下列可以作为感谢信标题的有（　　）。

A. 感谢信　　B. 致 ×× 公司的感谢信

C.×× 致 ×× 的感谢信　　D. 省略标题

6.（多选）下列可以作为感谢信结束语的有（　　）。

A. 致以诚挚的敬意　　B. 此致敬礼

C. 祝取得更大的成绩　　D. 再次表示衷心感谢

E. 特此函达

7.（多选）感谢信中的感谢之意应体现在（　　）等结构环节。

A. 开头引言　　B. 正文主体　　C. 结尾　　D. 署名

三、判断题

1. 感谢信对收信方是一种褒奖，同时也可以弘扬助人为乐的精神，兼具表扬信的功能。（　　）

2. 如果感谢对象比较多，无法在称谓中全部列出，那么可以把感谢对象放在正文中间提出。（　　）

3. 感谢信只需要叙述对方行为事实，不需要进行评价。（　　）

4. 感谢信的署名可以写明发信人的单位、身份和姓名。（　　）

四、简答题

1. 简述感谢信正文主体的内容。

2. 简述撰写感谢信的注意事项。

五、写作题

某乘客乘坐火车时，将上万元的数码相机遗失在卧铺上，于是打电话给 ×× 铁路局，值班人员将电话转给 ×× 客运段乘客服务部张 × 部长，张部长与该趟火车的列车长王 ×× 取得联系。乘务员刘 ×× 拾获并上交给列车长。在张部长协调下，列车长王 ×× 将数码相机交给开往 ×× 市的 ×× 次列车列车长马 ××，由他带回到 ×× 市车站。乘客从本市车站拿回了自己的相机。该乘客非常感谢 ×× 铁路局 ×× 客运段的工作人员，特致信表示谢意。请根据以上介绍，代该乘客撰写一份感谢信。要求：简要叙述事情经过，写明给予帮助的人员；进行适当评价，谢意明确；语言简洁，篇幅适中。

第四节　开幕词、闭幕词

一、填空题

1. 开幕词是宣布________________、阐述会议宗旨和介绍与会议有关事项的致词。

2. 闭幕词是会议结束时由有关领导人向全体与会人员所作的________________致词。

二、选择题

1.（多选）下列适合发表开幕词、闭幕词的会议活动有（　　）。

A. 例会　B. 职工代表大会　C. 大型学术研讨会　D. 运动会

2.（多选）下列可以作为开幕词标题的有（　　）。

A. ×× 博览会开幕词

B. ×× 董事长在 ×× 会上的开幕词

C. 全面推进公司可持续发展——×× 公司职工代表大会 × 届 × 次会议开幕词

D. 省略标题

3.（多选）开幕词、闭幕词致词者的姓名，其书写位置可以在（　　）。

A. 标题中　B. 标题下方　C. 称谓

D. 正文　E. 署名

4.（多选）开幕词的主体内容一般包括（　　）等方面。

A. 会议意义　B. 会议的指导思想

C. 会议要求和希望　D. 会议成果

5.（多选）闭幕词的主体内容一般包括（　　）等方面。

A. 会议经过　B. 会议成果

C. 会议的重要性和意义　D. 贯彻会议精神的要求

E. 对参会人员和工作人员的谢意

三、判断题

1. 开幕词和闭幕词都应对会议活动的名称、宗旨、主题进行必要的说明介绍。
（　　）

2. 开幕词要对会议活动进行“定调”，引导会议活动的方向。（　　）
3. 开幕词和闭幕词的语言应通俗易懂、典雅庄重。（　　）
4. 开幕词和闭幕词的内容较多，致词者多为领导，因此篇幅应比较长。（　　）

四、简答题

1. 简述撰写开幕词的注意事项。

2. 简述撰写闭幕词的注意事项。

五、写作题

××学校第×届文化艺术节将举行文化与健康讲座、电影欣赏、征文比赛、话剧表演、演讲比赛、体育比赛等多项文化体育活动。艺术节将举行开幕式和闭幕式。请为校长撰写开幕词和闭幕词。要求：内容体现开幕和闭幕的差异与特点，体现艺术节的活动特色；语言简洁，篇幅适中。

第五节　欢迎词、欢送词

一、填空题

1. 对来宾或新成员表示欢迎的致词是________。
2. 对将要离开的宾客或人员表示送别之意的致词是________。

二、选择题

1.（多选）下列属于东道主应致欢迎词的场合有（　　）。
A. 专家学者到本单位进行学术交流　　B. 合作伙伴前来参观考察

C. 嘉宾出席典礼活动　　D. 上级领导到基层视察工作

2.（多选）下列属于东道主应致欢送词的场合有（　　）。

A. 专家学者结束在本单位学术交流　　B. 合作伙伴结束参观考察

C. 嘉宾出席典礼活动　　D. 上级领导到基层视察工作

3.（多选）下列可以作为欢迎词、欢送词标题的有（　　）。

A. 欢迎词或欢送词

B. 在 ×× 经验交流会上的欢迎词（欢送词）

C.××× 总经理在欢迎（欢送）广东客人宴会上的欢迎词（欢送词）

D. 省略标题

4.（多选）欢迎词和欢送词致词者的姓名，其书写位置可以在（　　）。

A. 标题中　　B. 标题下方　　C. 称谓

D. 正文　　E. 署名

5.（多选）欢迎词的正文内容一般包括（　　）等方面。

A. 表达欢迎　　B. 宾客来访的意义

C. 回顾交往历史　　D. 评价双方关系

E. 介绍本单位情况

三、判断题

1. 欢迎词和欢送词发表的场合一般是在欢迎或欢送仪式上，也有的在活动开始之际发表。（　　）

2. 欢迎词和欢送词的篇幅一般比较简短，致词的时间也比较短。（　　）

3. 欢迎词和欢送词应用场合不同，所以内容没有相似的地方。（　　）

4. 欢迎词和欢送词的文辞语言应当典雅，可以引用一些古典诗词烘托气氛。（　　）

四、简答题

1. 欢送词正文主要包括哪些内容?

2. 简述撰写欢迎词和欢送词的注意事项。

五、写作题

× × 公司总经理李某一行五人到另一家公司考察交流，并将签署注资合作协议。请代东道主公司领导撰写欢迎词和欢送词。要求：内容体现欢迎和欢送的差异与特点，体现双方合作的历史和成果；感情真挚，语言简洁，篇幅适中。其他相关信息可自行补充。

第六节　祝词

一、填空题

1. 祝词是对人或事表示祝贺的言辞或文章，多用在________________仪式场合。

2. 在宴席中，主人向客人表示欢迎、祝福的发言是________________。

二、选择题

1.（多选）下列可以致祝词的场合有（　　）。

A. 会议开幕　　B. 开业典礼　　C. 奠基仪式

D. 工程竣工　　E. 老人寿诞

2.（多选）下列可以作为祝词标题的有（　　）。

A. 祝酒词

B. 在 × × 开业典礼上的祝词

C. × × × 总经理在 × × 开业典礼上的祝词

D. 省略标题

3.（多选）祝词致词人的书写位置可以在（　　）。

A. 标题中　　B. 标题下方　　C. 称谓

D. 正文　　E. 署名

4.（多选）下列可以作为祝词称谓对象的有（　　）。

A. 对方单位主要领导　　B. 对方单位到场其他人员

C. 祝贺对象个人　　D. 到场的所有来宾

5.（多选）祝词的正文内容一般包括（　　）等方面。

A. 介绍场合　　B. 说明代表身份　　C. 表达祝贺之意

D. 介绍对方成就　　E. 表达美好祝愿

三、判断题

1. 祝词要根据祝贺对象的不同情况，写出特点和特色。（　　）
2. 祝词的祝贺之意应真诚热烈，但不能过于肉麻。（　　）
3. 祝词需要概述一些基本事实，说明基本情况，以使祝贺之意“水到渠成”。（　　）
4. 祝词应请有身份或比较重要的人员致词，其他人员不能致词。（　　）

四、简答题

1. 简述祝词的结构环节。

2. 简述撰写祝词的注意事项。

五、写作题

在某省举办的职业学校职业技能大赛中，某学校选派的三支参赛队全部取得了团体一等奖，创造了该校参赛纪录。在参赛队伍凯旋返校之际，副校长主持了仪式，并发表祝词讲话。根据以上情况，请代副校长撰写该祝词。要求：内容体现比赛成果，并对此进行恰当评价；祝贺之意明确，感情真挚；语言简洁，篇幅适中。

第七节　答谢词

一、填空题

1. 答谢词是______________所发表的对主人的热情款待和多方关照表示感谢的致词。
2. 致答谢词的时机一般是在主人致欢迎词或欢送词________________。

二、选择题

1.（单选）下列可以作为答谢词标题的是（　　）。

A. 答谢词

B. 在 ×× 开业典礼上的答谢词

C. ××× 总经理在 ×× 开业典礼上的答谢词

D. 省略标题

2.（单选）答谢词致词人姓名的书写位置一般在（　　）。

A. 标题中　　B. 标题下方　　C. 称谓

D. 正文　　E. 署名

3.（多选）下列可以致答谢词的场合有（　　）。

A. 欢迎仪式　　B. 欢送仪式

C. 施工现场　　D. 捐赠仪式

4.（多选）下列可以作为答谢词称谓对象的有（　　）。

A. 对方单位主要领导　　B. 本方单位主要领导

C. 答谢对象个人　　D. 到场的所有来宾

5.（多选）答谢词的正文内容一般包括（　　）等方面。

A. 表达谢意　　B. 回顾所获帮助

C. 介绍自身感受　　D. 表达合作展望

E. 表达美好祝愿

三、判断题

1. 答谢词应用明确的语言表达谢意，不应“含而不露”。（　　）

2. 答谢词的内容要与对方的致词呼应配合，不能自说自话。（　　）

3. 答谢词可以概述一些基本事实，尤其是对所获得的帮助应当进行必要说明。（　　）

4. 答谢词的篇幅要与对方致词的篇幅匹配，所占用的时间可长可短。（　　）

四、简答题

1. 简述答谢词的种类。

2. 简述撰写答谢词的注意事项。

五、写作题

××公司到××集团考察学习现代企业内部治理体系建设经验。东道主专门召开了一个经验交流会向客人介绍相关情况，参加会议的有集团董事长、总经理以及部分中层管理者。总经理介绍完相关情况后，考察团领导致答谢词向东道主表示谢意。根据以上材料，请以考察团领导的名义写一篇答谢词。要求：内容体现对对方款待和帮助的感谢，态度真诚，语言得体，结构完整。

第八节　讣告、悼词

一、填空题

1. 讣告是把某人________________告知给逝者生前的朋友、亲属以及各有关单位和个人所使用的一种礼仪文书，一般由逝者的亲属或治丧委员会发出。

2. 悼词是在追悼仪式上对逝者表示________________所宣读的文章。

二、选择题

1.（多选）常见的讣告发布方式包括（　　）。

A. 张贴　　B. 登报　　C. 通知　　D. 网络

2.（多选）下列可以作为讣告标题的有（　　）。

A. 讣告　　B. 讣闻

C. ××同志逝世　　D. 省略标题

3.（多选）讣告的主要内容包括（　　）。

A. 逝者基本信息　　B. 逝世原因

C. 逝世时间和地点　　D. 终年年龄

E. 追悼仪式的时间和地点

4.（多选）下列可以作为悼词标题的有（　　）。

A. 在 ×× 同志追悼会上的悼词　　B. 悼 ×× 同志

C. ×× 同志逝世　　D. 省略标题

5.（多选）下列可以作为悼词结束语的有（　　）。

A. ×× 同志永垂不朽　　B. ×× 同志精神永存

C. ×× 同志永远活在我们心中　　D. ×× 同志安息吧

三、判断题

1. 从内容上看，悼词比讣告要更加详细具体。（　　）
2. 从表达方式上看，讣告主要是说明，悼词采用叙述和议论相结合的方式。（　　）
3. 从篇幅上看，讣告篇幅较长，而悼词篇幅较短。（　　）
4. 从感情色彩上看，讣告和悼词都以悲伤、沉痛为主。（　　）

四、简答题

1. 简述撰写、发布讣告的注意事项。

2. 简述撰写悼词的注意事项。

第四章 | 财经文书

第一节　广告

一、填空题

1. 广告是通过一定的________________，公开而广泛地向公众传递某一信息或宣传某一事项所使用的文书。

2. 在广告中，对广告主题和内容高度概括的环节是________________。

3. 广告的直接标题能够直接点明主题或内容，适合的产品是________________。

4. 广告结束时的说明性内容是________________。

二、选择题

1.（单选）下列采用婉转迂回的方法，引起人们兴趣的广告标题是（　　）。

A. 直接标题　　B. 间接标题

C. 复合标题　　D. 综合式标题

2.（多选）下列可以作为广告标题的有（　　）。

A. ×× 楼盘盛大启幕　　B. 见证历史，把握未来

C. 6・18 购物节　　D. 广告

E. 省略标题

3.（多选）广告正文主要包括（　　）等内容。

A. 用途、性能　　B. 产地

C. 规格　　D. 价格

E. 使用方法

4.（多选）广告正文的表述方式主要包括（　　）。

A. 陈述式　　B. 描述式

C. 抒情式　　D. 对话式

5.（多选）下列可以作为广告随文信息的有（　　）。

A. 企业的名称及联系方式　　B. 促销信息

C. 企业荣誉或认证资质　　D. 广告口号

E. 广告标题

三、判断题

1. 在广告中，文案与图形同等重要，文案具有较强的文字影响力，图形具有较强的视觉冲击力。 ( )

2. 口号已经成为广告中必备的要素。 ( )

3. 广告的内容为了增强吸引力，可以适度夸大功能效果。 ( )

4. 广告既包括商业广告，也包括公益广告。 ( )

四、简答题

1. 列举常见的广告口号，并归纳其写作特点。

2. 简述撰写广告的注意事项。

五、写作题

某在线教育网站定位于中小学生课程辅导服务，网站上有很多优秀的教师和课程资源，既有直播课程，也有录播课程。该网站准备在街头投放平面广告，请根据这一情况，为其撰写一份广告文案。要求：内容体现网站特色和优势，语言简洁，具有吸引力。

第二节　意向书

一、填空题

1. 意向书是在经济活动中，各方当事人经过商洽，就某一合作项目达成一致意见，提出______________而签订的书面文书。

2. 意向书为进一步正式签订协议或合同奠定基础，发挥______________的作用。

3. 按文体格式分类，意向书可以分为条款式意向书和________意向书。

4. 意向书的内容主要是记录________共识。

二、选择题

1.（多选）下列可以作为意向书标题的有（　　）。

A. 意向书　　B. 合作意向书

C. 购房意向书　　D. ×× 公司与 ×× 公司合作意向书

E. 省略标题

2.（多选）意向书引言的主要内容包括（　　）。

A. 单位名称　　B. 签订依据　　C. 签订目的

D. 签订原则　　E. 过渡句

3.（多选）意向书主体的主要内容包括（　　）。

A. 合作项目概况　　B. 合作方式

C. 各方权利和义务　　D. 资金金额

4.（多选）下列可以作为意向书结尾的有（　　）。

A. 本意向书一式两份，双方各执一份

B. 本意向书所涉及的合作项目的落实须另行协商，以合同约定具体细节

C. 未尽事宜，另行约定

D. 特此立约

5.（多选）意向书落款主要包括（　　）等信息。

A. 各方的名称（加盖公章）　　B. 法人代表

C. 联系方式　　D. 通信地址

三、判断题

1. 意向书产生于双方合作洽谈的早期阶段。（　　）

2. 意向书的内容一般比较简略，如果详细明确，则应签订合同。（　　）

3. 意向书如果单方面取消，那么应承担法律后果。（　　）

4. 意向书的落款格式为各方信息分列平行排序。（　　）

四、简答题

1. 在生活或工作中，使用意向书的主要情况有哪些?

2. 简述撰写意向书的注意事项。

五、写作题

某公司与《××晚报》广告部经过友好协商，初步达成共识，后者按照正常报价8折标准为前者提供为期一年的报纸广告服务。请为这两家单位撰写一份意向书。要求：意向内容明确，语言简洁，格式规范。

第三节　合同

一、填空题

1. 合同是平等主体的自然人、法人、其他组织之间设立、变更、终止民事权利义务关系的________________。

2. 按订立形式，合同可分为________________形式合同、口头形式合同和其他形式合同。

3. 合同当事人权利和义务所共同指向的对象是________________。

4. 合同中的价款和报酬一般以________________的形式表示。

二、选择题

1.（多选）按写作格式划分，合同可分为（　　）等类型。

A. 条款式　B. 表格式　C. 条款表格结合式

D. 格式合同　E. 口头合同

2.（多选）下列可以作为合同标题的有（　　）。

A. 租赁合同　B. 赠与合同

C. 商品房买卖合同　D. 运输服务合同

3.（多选）下列适合作为合同当事人名称简称的有（　　）。

A. 甲方、乙方　B. 买方、卖方

C. 本方、对方　D. 赠与人、受赠人

E. 你方、我方

4.（多选）合同中标的的类型包括（　　）。

A. 物品　　B. 智力成果　　C. 劳务　　D. 货币

5.（多选）合同落款主要包括（　　）等信息。

A. 各方的名称（加盖公章）　　B. 法人代表

C. 联系方式　　D. 银行账号

6.（多选）下列属于合同中解决争议的方法有（　　）。

A. 协商　　B. 仲裁　　C. 诉讼　　D. 竞价

三、判断题

1. 没有写明标的的合同是无效合同。（　　）
2. 合同所载明的事项应符合法律法规的规定。（　　）
3. 当合同数量较多时，应为每份合同编号，以便管理。（　　）
4. 合同首部和落款载明的各方信息，都按照上下排序。（　　）

四、简答题

1. 简述合同主体所包括的条款内容。

2. 简述撰写合同的注意事项。

五、写作题

以下是一份房屋租赁合同的部分条款，请将空白的地方补充完整。具体信息可自行确定。要求：语言准确、简洁，格式规范。

房屋租赁合同

出租方：×× 市金元商业公司（以下简称________________）

承租方：×× 市鼎业商贸公司（以下简称________________）

根据《中华人民共和国合同法》及相关法律法规的规定，甲乙双方本着平等自愿原则经友好协商就__________________________________事宜达成一致，订立本合同。

第一条 （略）

第二条 房屋的基本情况

1. 甲方出租给乙方的房屋位于____________________________。

2. 房屋面积共_________________。

3. 该房屋现有装修及设施、设备情况详见合同附件。该附件作为甲方按照本合同约定交付乙方使用和乙方在本合同租赁期满交还该房屋时的验收依据。

第三条 （略）

第四条 租赁期限、用途

1. 租赁期自_________________起至_________________止，共______个月。

2. 乙方租赁该房屋仅作为经营办公场所使用。

3. 租赁期满，甲方有权收回出租房屋，乙方应如期交还。

4. 乙方如要求续租，须在租赁期满2个月之前书面通知甲方，经甲方同意后，重新签订租赁合同。

第五条 租金及支付方式

1. 每月租金为：____________________________，租金总额为：_______________。

2. 租金支付方式为：____。

甲方收款后应提供给乙方有效的收款凭证。

（后略）

第四节 市场调查报告

一、填空题

1. 市场调查报告是通过对市场的情况和现象进行调查，对所得信息经过分析、研究和处理后而写成的关于_________________的报告性文书。

2. 反映市场对产品的需求量和影响因素的调查报告是_________________。

二、选择题

1.（单选）反映消费者分布地区和经济状况、消费习惯、消费水平及广告对消费者的影响等内容的市场调查报告是（   ）。

A. 市场需求调查报告　　B. 竞争对手调查报告

C. 经营政策调查报告　　D. 市场消费行为调查报告

2.（多选）撰写市场调查报告需要做的前期准备工作包括（   ）。

A. 确定调查主题　　B. 确定调查方法

C. 编制调查问卷　　D. 开展调查工作

E. 统计汇总反馈信息

3.（多选）下列可以作为调查报告标题的有（　　）。
A. 调查报告
B. 华北地区啤酒市场调研报告
C. 天华房地产公司关于 ×× 市房地产行业的市场调研报告
D. 将减肥进行到底——减肥产品市场调研报告
E. 省略标题

4.（多选）调查报告的开头概要部分主要包括（　　）等内容。
A. 调查缘由、目的　　B. 调查对象、范围、内容
C. 调查方法　　D. 调查时间、地点
E. 调查反馈情况

5.（多选）调查报告主体的情况说明可以使用（　　）等表达手段。
A. 图片　　B. 表格　　C. 文字　　D. 数据

6.（多选）调查报告主体的分析部分可以使用（　　）等表达手段。
A. 定量分析　　B. 定性分析　　C. 议论　　D. 描写

7.（多选）调查报告的结论部分主要包括（　　）等内容。
A. 基本结论　　B. 主要建议　　C. 未来预测　　D. 协作单位

三、判断题

1. 调查报告所使用的基础材料应客观，不能预设结论和立场。（　　）
2. 撰写调查报告的前提是进行深入调查，报告是在调查基础上的报告。（　　）
3. 调查报告只需要反映基本现状和事实，没有必要进行分析和提出建议。（　　）
4. 调查报告各部分不需要使用小标题反映内容要点。（　　）

四、简答题

1. 撰写调查报告如何做到实事求是?

2. 简述调查报告表达方式的综合性。

五、写作题

某项针对网络购物活动的调查得到以下数据：

截至 20×× 年 3 月，我国网络购物用户规模达 7.10 亿，较上一年初增长 16.4%，

占网民整体的78.6%。20×× 年1—2月份，全国实物商品网络零售额同比增长3.0%，实现逆势增长，占社会消费品零售总额的比重为21.5%，比上年同期提高5个百分点。20×× 年社交电商交易额同比增长超过60%，高于全国网络零售整体增速。

20×× 年，我国手机网络购物用户规模达7.07亿，较上一年增长1.16亿，占手机网民的78.9%。

截至20×× 年3月，电商直播用户规模达2.65亿，占网购用户的37.2%，占直播用户的47.3%。

请根据以上数据信息，撰写可作为调查报告的片段。要求：小标题反映核心观点；正文内容体现数据特点，并对数据进行分析；结合数据情况和分析，给出结论建议；语言准确、简洁，表达方式合理。

第五节　产品说明书

一、填空题

1. 产品说明书是介绍产品的名称、性能、成分、用途、使用方法及注意事项等内容，以便消费者________和保养维护产品的文书。

2. 按表达形式划分，产品说明书可分为________和文字图表说明书。

二、选择题

1.（单选）说明书应体现的基本要求是（　　）。

A. 生动性　B. 形象性　C. 科学性　D. 情感性

2.（多选）下列可以作为产品说明书标题的有（　　）。

A. ××牌×型液晶电视机说明书　B. ××抗病毒口服液使用说明书

C. ××安装说明书　D. 说明书

E. 省略标题

3.（多选）下列属于产品说明书主体内容的有（　　）。

A. 产品名称　B. 产品特色　C. 购买渠道

D. 使用方法　E. 与竞品的比较

4.（多选）产品说明书正文主体可以采用（　　）等表达形式。

A. 文字　B. 表格　C. 图示

D. 图例　E. 数据

5.（多选）下列属于产品说明书结尾信息的有（　　）。

A. 厂家名称　　B. 厂家地址　　C. 构造原理

D. 原料成分　　E. 执行标准

三、判断题

1. 产品说明书如果篇幅较长，可设置封面和目录。（　　）
2. 产品说明书具有广告的作用，为了增强吸引力，可以使用一些创意描述方法。（　　）
3. 产品说明书不能包含可能引发危险的信息，以免用户产生误会和恐慌。（　　）
4. 产品说明书应通俗易懂，不需要使用专业术语。（　　）

四、简答题

1. 简述产品说明书主体的主要内容。

2. 简述撰写产品说明书的注意事项。

五、写作题

夏季来临，很多消费者会选购电蚊香片。然而，不少该产品的说明书内容存在不足。请根据以下介绍撰写一份产品使用说明书：电蚊香片需要配备加热器使用，使用范围应在室内 15 平方米内；每片时效 8～10 个小时；使用过程中药片逐渐由蓝变白，完全呈白色时失效；药片如果只需要用 2～3 个小时，应切断电源，下次用时再接通电源即可；更换新的药片时，一定先切断电源；可将药片放在电热器的金属板上，再接通电源；电蚊香片没有臭味，没有烟，没有灰粉，没有刺激，也很安全，对人体没有害处，且不污染食品、衣物等家居用品。要求：实事求是，内容科学，具有较强的实用价值和指导作用；条理清楚，结构完整，语言准确，格式规范。

第六节　招标书、投标书

一、填空题

1. 对招标信息和招标要求等有关事项进行公示的书面文书是＿＿＿＿＿＿＿＿。

2. 投标书是根据招标书所列条件和要求而制定并递交给＿＿＿＿＿＿＿＿的文书。

二、选择题

1.（多选）按对象划分，招标书可分为（　　）等类型。

A. 工程建设招标书

B. 大宗商品交易招标书

C. 企业承包招标书

D. 国际招标书

E. 国内招标书

2.（多选）下列可以作为招标书标题的有（　　）。

A. ×× 公司装修工程招标书　　B. ×× 公司采购招标书

C. 电脑采购招标书　　D. 招标书

E. 省略标题

3.（多选）下列属于招标书引言主要内容的有（　　）。

A. 招标单位基本情况　　B. 招标时间

C. 招标项目名称　　D. 投标条件

4.（多选）下列属于招标书主体主要内容的有（　　）。

A. 招标缘由或依据　　B. 招投标时间、地点

C. 投标方式方法　　D. 投标单位的条件和要求

5.（多选）下列属于招标书尾部主要内容的有（　　）。

A. 招投标的起止时间　　B. 联系人姓名

C. 投标方式方法　　D. 标书的售价

E. 其他需要说明的内容

6.（多选）投标书主体的主要内容应包括（　　）。

A. 投标单位的基本情况

B. 项目标价

C. 项目保证（包括工期、质量、其他服务等）

D. 投标单位完成项目的应对措施

E. 对招标单位的要求或建议

三、判断题

1. 招标书和投标书均可后附所需要的各类资料，如授权书、委托书、各类证书等。 （　　）
2. 投标书应根据招标书的要求组织内容，体现针对性。 （　　）
3. 投标书需要有一定竞争性，可适度夸大、突出自身的优势。 （　　）
4. 招标书和投标书都应恰当采用文字、表格、数字、图片等多种表达形式传递信息。 （　　）

四、简答题

1. 简述撰写招标书的注意事项。

2. 简述撰写投标书的注意事项。

五、写作题

××网络科技公司准备对办公楼进行装修，采用招标方式确定施工企业。请收集相关资料，撰写一份招标公告。要求：内容符合招标需要，语言准确、简洁，条理清晰，格式规范。